MARITA **MAIER**

Wenn meine Gedanken Flügel hätten ...

novum pro

www.novumverlag.com

Bibliografische Information
der Deutschen Nationalbibliothek:

Die Deutsche Nationalbibliothek
verzeichnet diese Publikation in
der Deutschen Nationalbibliografie.
Detaillierte bibliografische Daten
sind im Internet über
http://www.d-nb.de abrufbar.

Alle Rechte der Verbreitung,
auch durch Film, Funk und Fernsehen,
fotomechanische Wiedergabe,
Tonträger, elektronische Datenträger
und auszugsweisen Nachdruck,
sind vorbehalten

Gedruckt in der Europäischen Union
auf umweltfreundlichem, chlor- und
säurefrei gebleichtem Papier.

© 2022 novum Verlag

ISBN 978-3-99131-619-0
Lektorat: Sandra Pichler
Umschlagfoto:
Krystsina Kvilis | Dreamstime.com
Umschlaggestaltung, Layout & Satz:
novum Verlag

www.novumverlag.com

Wann?

Wann hast du aufgehört, dir den Freiraum
zu schaffen, den deine Seele braucht,
nach dem Frieden zu suchen, der dir so wichtig ist?

Wann hast du aufgehört,
zu genießen mit allen Sinnen,
die Melodie des Lebens zu singen in hellen Tönen?

Wann hast du aufgehört,
zu lesen, auch zwischen den Zeilen,
zu träumen und deine Träume zu leben?

Wann hast du aufgehört,
zu malen mit den Farben deiner Phantasie,
gelebt ohne Zweifel und Kompromiss?

Wann hast du zuletzt geweint,
doch dich deiner Tränen nicht geschämt,
aus tiefster Seele gelacht und dein Herz befreit?

Wann hast du dich zuletzt auf den Weg gemacht
ohne Ziel und bist doch angekommen,
verloren und dabei doch den Sieg errungen?

Wann hast du zuletzt gespürt das Leben,
wie es im Gleichklang mit deiner Seele pulsiert?

Wann?

Ein Engel

Keine Träume ohne Schlaf.
Keine Liebe ohne Hass.
Keinen Tag ohne Nacht, doch immer ein Engel,
der über dir wacht.

Keinen Schatten ohne Licht.
Keine Kür ohne Pflicht.
Keine Antwort ohne Fragen, doch immer wirst du
von einem Engel getragen.

Kein Glück ohne Tränen.
Kein Warten ohne Sehnen.
Keine Nähe ohne Weite, doch immer ein Engel
an deiner Seite.

Keine Hoffnung ohne Glaube.
Keinen Wein ohne Traube.
Keine Freude ohne Zwist, doch immer ein Engel,
der allgegenwärtig ist.

Kein Leben ohne Tod.
Keine Hilfe ohne Not.
Kein Ziel ohne Weg, doch immer ein Engel,
der an deiner Seite steht.

Keine Liebe ohne Leid.
Keine Uhr ohne Zeit.
Kein Heute ohne Morgen, doch immer
bei einem Engel geborgen.

Dein Leben!

Schaust du einmal zurück auf dein Leben,
so war's bestimmt nicht immer nur grad und eben.

Und du denkst, was hat es dir gegeben und gebracht,
hast du geweint und auch gelacht,
hast du gehasst und auch geliebt,
warst du glücklich und betrübt?

Gab es Dunkelheit und Licht,
hast du verziehen oder nicht,
hast du gearbeitet nur fürs Geld,
oder dich auch erfreut an dieser Welt?
Hast du was getan auch für den Frieden
und dich erfreut an deinen Lieben?

Hast Mut bewiesen, auch Angst gespürt,
mit deinem Lächeln jemanden berührt.
Hast du gezweifelt und geglaubt,
hast du geschenkt und auch geraubt.
Hast du getrennt, hast du vereint,
es mit dir selber gut gemeint?

Standest du für deinen Nächsten ein
und ließ man manchmal dich allein?
Hast um einen lieben Menschen du geweint
und doch hat irgendwann die Sonne gescheint,
Hast du Schmerzliches erfahren
und konntest deinen Glauben doch bewahren?

Gab es in deinem Leben Trauer,
aber auch viel Freud und Glück,
dann schau dankbar darauf zurück.
Dann war es bisher gut und bunt,
zur Dankbarkeit genügend Grund.
Noch vieles hält es für dich bereit,
drum nutze deine Lebenszeit.
Was immer es noch bringen mag –
carpe diem – nutze den Tag!

Das Leben ist
wie ein Buch, das viele Geschichten erzählt,
wie ein Bild, das man von allen Seiten betrachten kann,
wie eine Melodie, die mal laut und mal leise klingt.

Das Leben ist
wie der Wind, stürmisch und doch schön,
wie die Sonne, die die Herzen der Menschen wärmt,
wie ein Wunder, das immer wieder atemlos macht.

Das Leben ist
wie eine Straße, die zum Ziel führt,
wie ein Baum, der tief verwurzelt zum Licht strebt,
wie eine Frage, die auf Antwort wartet.

Das Leben ist
wie ein Traum, der gelebt werden will,
wie die Hoffnung, die nie aufhört,
wie die Liebe, stark, unendlich und schön.

In eisiger Kälte das Warme spüren.
In lauter Zeit das Leise berühren.

In großen Taten das Kleine sehen.
In offenen Fragen die Antwort verstehen.
In ferner Zukunft das Vergangene bewahren.
In jungen Jahren das Alter erfahren.

In dunkler Nacht das Licht erahnen.
In lautem Krieg zum Frieden ermahnen.

In falschen Tönen die Wahrheit benennen.
Im prallen Leben die Ewigkeit erkennen.

Was ich dir wünsche

Ich wünsche dir kein großes Haus,
aber dass dir immer eine Tür offensteht.

Ich wünsche dir keine laute Stimme,
aber dass du immer den richtigen Ton triffst.

Ich wünsche dir kein schnelles Auto,
aber dass du immer rechtzeitig ankommst.

Ich wünsche dir kein dickes Buch,
aber dass du zwischen den Zeilen lesen kannst.

Ich wünsche dir keine große Torte,
aber dass du immer ein Stück vom
Kuchen abbekommst.

Ich wünsche dir keine weite Reise,
aber dass du immer in Bewegung bleibst.

Ich wünsche dir kein endloses Leben,
aber dass du deine Zeit nutzt.

Nimm dir die Zeit

Nimm dir Zeit zum Lieben und das Blau am Himmel wird dir heller erscheinen.

Nimm dir Zeit zum Trauern und lass dein Herz zur Ruhe kommen.

Nimm dir Zeit für das Glück – und gibt es Scherben, kehre sie einfach zusammen.

Nimm dir Zeit für das Licht – und wenn die Dunkelheit kommt zünde eine Kerze an.

Nimm dir die Zeit zum Vergeben und lass nicht zu, dass der Hass dein Herz erreicht.

Nimm dir Zeit für neue Chancen und lass dich dein Leben ganz neu erfahren.

Nimm dir Zeit zum Nachdenken – und wenn du nachts nicht schlafen kannst, nutze sie für gute Gedanken.

Nimm dir die Zeit für die Freude – und wenn trübe
Gedanken kommen, ist sie der Speicher,
der deine Seele nährt.

Nimm dir die Zeit für deine Lieben und Freunde und
lass sie spüren, dass sie tief in deinem Herzen
verwurzelt sind.

Nimm dir die Zeit für die Wahrheit –
und wenn du Zweifel hast,
höre tief in dich hinein.

Nimm dir die Zeit für dein Leben –
und wenn die Zeiger stehen bleiben,
sei dir der Ewigkeit gewiss.

Wo viel Arbeit und Stress das Leben bestimmt,
die Zeit immer wie im Flug verrinnt.
Du denkst, die Zeit könnt' doch verweilen
und müsste nicht so schnell hineilen.
Sie könnte gar mal bleiben stehn,
nur du möchtest weitergehn.
Das hat mancher schon gewollt,
da hat die Zeit ihn überholt.

Lebe

Lebe dein Leben jeden Tag – du hast nur eins.
Gib dein Bestes, auch wenn es
dir selbst nicht gut genug erscheint.
Vergleiche dich nicht mit anderen,
aber lass dich von ihnen inspirieren.
Sag immer deine Meinung,
aber dränge sie niemandem auf.

Stehe zu deinen Fehlern,
aber lass dich nicht unterkriegen.
Hab den Mut, Neues zu versuchen,
aber auch die Größe, manches zu bewahren.

Wisse, dass die Stärke manchmal
in der Schwachheit liegt und
Vertrauen besser ist als Kontrolle.
Wenn du ein Haus hast, hab immer eine offene Tür.
Wenn du ein Buch liest,
dann lies auch zwischen den Zeilen.

Hab immer die Größe,
auch das Kleine zu sehen.
Hab Freude an Glück und den schönen Dingen,
aber lass deine Tränen auch nicht außer Acht.
Verbirg deine Traurigkeit nicht –
sie ist wie ein Vorhang, der die Sonne
für eine Weile verdeckt.
Lass dich von der Sonne umarmen
und vom Wind küssen.
Glaub an die Liebe – sie ist der Ursprung allen Lebens.
Lass es zu, dass andere dich lieben und
liebe dich selbst. Denn du bist einzigartig.
Bete für dich und andere und vergiss nicht,
dass dein Leben endlich ist.
Lebe dein Leben jeden Tag – du hast nur eins.

Frohes Osterfest

Was ist denn da so bunt und schön
im tiefen Gras versteckt,
was ist denn da ganz heimlich
mit Heu und Stroh bedeckt?
Was hoppelt da durch Wald und Feld
mit langen Ohren durch die Welt?
Der Osterhas' auf seiner Tour, oh,
sieh die schönen bunten Eier nur.

Und bist du schlau und schaust um die Ecken,
dann kannst du ihn vielleicht entdecken.
Doch er ist schlauer und eh du's bedacht,
hat er sich schon wieder fortgemacht.
Doch schau dich nur um, hast du's entdeckt,
er hat viele süße Sachen für dich versteckt.
Drum sei nicht traurig und lass ihn ziehen,
denn andere warten auch auf ihn.

Den Frühling hat er mitgebracht,
schau wie herrlich die Natur erwacht.
Drum lasst uns gerade in diesen Zeiten
die Botschaft von Ostern weiterverbreiten.
Wir wollen es überall verkünden und
im Herzen das Osterfeuer entzünden.

Abschied

Die Sonne verliert ihre Strahlen für eine Zeit,
denn du hast uns verlassen.

Das Leben hält für eine Weile inne,
weil du gegangen bist.

Das Herz wiegt schwer in der Brust,
wir vermissen dich.

Unsere Gedanken verweilen in der Vergangenheit,
so bist du uns noch nahe.

Der Verstand kann es nicht begreifen,
weil es unvorstellbar ist.

Die Zeit umarmt die Seele und legt sich
wie ein Pflaster auf die Wunde.
Erinnerung und Liebe werden bleiben
und wenn wir an dich denken,
wird ein Sonnenstrahl in unseren Augen sein.

Christrosenzeit

Hörst du der Lieder Schall dort in den Straßen,
Hoffnung, die wir fast vergaßen.
Der anderen Kummer wir sehen und Leid,
dann ist nah die Weihnachtszeit.

Siehst du der Kerzen Licht, das die Nacht erhellt,
Frieden, heiß ersehnt für unsere Welt.
Einander zu achten, wir sind bereit,
dann ist nah die Weihnachtszeit.

Hörst du der Glocken Klang, der Frieden kündet,
Liebe, die endlich zueinander findet.
Türen und Tore wir machen weit,
dann ist nah die Weihnachtszeit.

Siehst du der Christrosen Pracht, die staunend macht,
Lichter, heller brennen in dunkler Nacht.
Einen Hauch wir spüren von Ewigkeit,
dann leben wir die Weihnachtszeit.

Was wäre, wenn ...

Wenn wir, statt Hass zu schüren,
die Liebe erhalten,
die Herzen berühren.

Wenn wir, statt Krieg zu führen,
den Frieden bewahren,
das Glück in uns spüren.

Wenn wir, statt den Nächsten zu verachten,
tiefer schauen,
nach Einigkeit trachten.

Wenn wir, statt das ganze Leben selbst zu lenken,
in uns gehen,
das Kind dort im Stall wieder bedenken.

Dann wird aus Hass Liebe geboren,
der Friede den Krieg überdauern,
unter den Menschen mehr Einigkeit sein,
der Weihnachtsgedanke spürbar werden.

Schöpfung

Wenn ich die Wolken zur Seite schiebe,
sehe ich das Lachen des Himmels.

Wenn ich das Bild der Natur in mich aufnehme,
ahne ich die Unendlichkeit des Universums.

Wenn ich den Wind auf der Haut fühle,
spüre ich die Leichtigkeit des Seins.

Wenn ich mich der Sonne entgegenstrecke,
fühle ich die Umarmung des Lebens.

Dann erkenne ich die Einzigartigkeit der Schöpfung
und halte für einen Moment den Atem an.

Ich will sein wie ein Kind,
das sich besinnt,

das Freude verschenkt
mit strahlendem Blick,
nach vorne schaut und nicht zurück,

das die Liebe findet
und sich lässt darauf ein,
ohne zu fragen, was wird noch sein,

das noch Hoffnung hat
für die Zukunft, das Morgen,
ohne sich allzu sehr zu sorgen.

Ich will sein wie ein Kind,
das sich besinnt,

das Vertrauen noch hat
mit offenem Gesicht,
gerne glaubt, was man verspricht,

das sich Friede wünscht
für die ganze Welt,
und nicht fragt nach Gut und Geld,

das den Glauben noch lebt
ohne Frage nach der Zeit,
auch wenn die Antwort offen bleibt.

Ich will sein wie ein Kind,
das sich besinnt.

Für dich!

Wenn ein Wort berührt dein Herz,
und du spürst einen seltsamen Schmerz.

Wenn ein Gedanke Herzklopfen macht,
ganz egal, ob bei Tag oder bei Nacht.

Wenn ein Sehnen in dir ist
und dein Herz es nicht mehr vergisst.

Wenn du ahnst, es passt genau,
wie Sonnenschein und Himmelblau.

Wenn die Gedanken Flügel haben,
und du hast noch viele Fragen.

Wenn ein Brief dir den Atem nimmt,
dass du staunst so wie ein Kind.

Wenn ein Glücksgefühl dich befällt
und du umarmen willst die ganze Welt.

Wenn du denkst, dein Herz zerspringt,
weil wie ein Lied es in dir klingt.

Wenn man dir sagt, dass du ein Engel bist,
und du darüber glücklich bist.

Wenn du nicht einschlafen kannst,
obwohl du bist müde.

Ist das die Liebe?

Die Sonne

Sie umhüllt dich an kalten Wintertagen,
sie kommt und geht, ohne zu fragen.
Wo Schatten ist, ist sie nicht weit,
sie unterwirft sich keiner Zeit.
Selbst bei Regen lässt sie dich ganz ohne Launen
über ein Farbenspiel am Himmel staunen.
Am Tag sie alle uns beglückt,
bis der Mond sie schlafen schickt.
Sie umarmt die Welt mit ihrem Schein
und neues Leben kann gedeih'n.

Herbst-Gedanken

Wenn die Tage kürzer und dunkler werden,
lass die Sonne in dein Herz, sie macht es hell.

Wenn die Blätter von den Bäumen fallen,
schau, wie bunt sie sind.

Wenn es stürmt und regnet,
denk an die Blumen, sie brauchen das Wasser,
um neu blühen zu können zu deiner Freude.

Wenn der Nebel dir die Sicht nimmt,
nimm es zum Anlass,
in dich selbst hineinzuschauen.

Wenn es kalt und ungemütlich wird,
freu dich auf ein warmes Zuhause
und eine Tasse heißen Tee.

Wenn deine Gedanken traurig werden,
triff dich mit Freunden zu einem guten Gespräch.

Denn das Leben ist ein Kreislauf, auf Nacht folgt Tag,
auf Dunkelheit das Licht, auf Traurigkeit die Freude.

Darum freue dich an der Schöpfung
und auf den neuen Morgen,
denn ein neuer Frühling kommt.

Weihnachtsgedanken

Und wär ich ein Licht,
ich brannte für den Frieden der Welt,
dass wir den Hass überwinden
und die Menschen sich finden.

Und wär ich ein Stern,
ich leuchtete für die Menschlichkeit der Welt,
dass wir die Hoffnung weitergeben
und die Menschen das leben.

Und wär ich ein Lied,
ich klänge für die Liebe der Welt,
dass wir den Glauben neu erfahren
und die Menschen das bewahren.

Und wär ich ein Kind,
ich lebte für die Hoffnung der Welt,
dass wir die Weihnachtsbotschaft verstehen
und die Menschen das sehen.

Glaube – Hoffnung – Liebe

Glaube an das Leben und die Liebe,
an Verluste und an Siege.
Glaube und vertraue auf das Glück,
und schaue niemals im Zorn zurück.

Lebe, als wär es der letzte Tag,
was auch die Zeit noch bringen mag.
Lebe und gib niemals auf,
und lass den Gedanken ihren Lauf.

Liebe – dafür sei immer bereit,
denn alles im Leben hat seine Zeit.
Liebe und verzeih tausendmal,
man hat im Leben immer die Wahl.

Hoffe auf alles, was du erträumst,
bedaure nicht, was du versäumst.
Hoffe und spüre die Zeit und den Raum,
glaube und lebe jetzt deinen Traum.

Weihnachtszeit,
sind wir für diese Zeit bereit?

Bereit, selbst mal zurückzustehen,
mit and'ren Augen alles sehen?

Den Alten etwas Zeit nur schenken,
den Kranken endlich mal bedenken.

Den Passanten auf der Straße ein Lächeln schicken,
den Behinderten fest in die Augen blicken.

Den Traurigen von unserer Freude geben,
den Mutlosen mit einem aufmunternden Wort beleben.

Den Fremden eine Herberge bieten,
den Einsamen in den Armen wiegen.

Den Müden eine Hand mal reichen,
den Verirrten gerne die Richtung weisen.

Weihnachtszeit,
dann sind wir für diese Zeit bereit!

Weihnachts-Zeit

Zeit, die Kerzen anzuzünden,
einmal zu sich selbst zu finden.
Zeit, an Engel auch zu glauben,
der Arbeit mal die Stunden rauben.

Zeit, die Seele zart zu spüren
und die Ängste zu berühren.
Zeit, die Augen fest zu schließen,
auch die Einsamkeit genießen.

Zeit, mal Einhalt zu gebieten,
ruhen für den inneren Frieden.
Zeit, die Liebe zu begreifen
und die Herzen zu erweichen.

Zeit, Gemeinsamkeit zu leben,
sich selber eine Chance zu geben.
Zeit, auch Freude zu verschenken,
die Erwartungen zu überdenken.
Zeit, was Neues zu beginnen,
sich auf Wichtiges besinnen.

Zeit, um auch einmal zu lachen,
die Türen für andere aufzumachen.
Zeit, Verlorenes zu suchen
und Erlebtes zu verbuchen.

Zeit, die Weihnacht zu versteh'n,
damit Liebe und Hoffnung nicht vergeh'n.

Die Autorin

Marita Maier wurde 1956 in Karlsbad geboren; wo sie heute noch lebt. Nachdem sie zunächst als Groß- und Außenhandelskauffrau gearbeitet hat, war sie Chefsekretärin in einem Klinikum. Inzwischen ist sie Mitarbeiterin in einer ärztlichen Privatpraxis. Sie hat zwei Töchter und ist bereits Großmutter von vier Enkelkindern. Sie selbst beschreibt sich als „lebensfrohe, jung gebliebene Omi". Wenn sie ihre Freizeit also nicht gerade mit ihren Enkelkindern verbringt oder im Kirchenchor singt, ist sie draußen im Grünen zu finden – mit ihrem Lebenspartner beim Wandern. In der Natur kommen ihr dann die Ideen zu den Gedichten. Diese formuliert sie meist erst nachts aus. Bisher hat sie ihre Gedichte lediglich zu besonderen Anlässen auf Festen vorgetragen, jetzt will sie diese auch einem breiteren Publikum zur Verfügung stellen.

Der Verlag

> *Wer aufhört*
> *besser zu werden,*
> *hat aufgehört*
> *gut zu sein!*

Basierend auf diesem Motto ist es dem novum Verlag ein Anliegen, neue Manuskripte aufzuspüren, zu veröffentlichen und deren Autoren langfristig zu fördern. Mittlerweile gilt der 1997 gegründete und mehrfach prämierte Verlag als Spezialist für Neuautoren in Deutschland, Österreich und der Schweiz.

Für jedes neue Manuskript wird innerhalb weniger Wochen eine kostenfreie, unverbindliche Lektorats-Prüfung erstellt.

Weitere Informationen zum Verlag und seinen Büchern finden Sie im Internet unter:

www.novumverlag.com